清賞叢書

梅花喜神譜
梅花字字香

〔宋〕宋伯仁 〔元〕郭豫亨 撰

廣陵書社

〔宋〕宋伯仁
〔元〕郭豫亨　撰

梅花喜神譜
梅花字字香

下册

廣陵書社
中國·揚州

清賞叢書

梅花譜後序

梅視百花，其品至清。人惟梅之好，則品亦梅耳。和靖素隱清矣，而絜其身者也，未得爲清之大成。雪巖同逋之好而仕，仕而好，不淄其清之時乎？得梅於心，胳於神，故弗剸而成詩，弗藝而能筆，描摸萬奇造化焉瘦。因哀所筆爲譜，譜有盡而生意無窮。噫！雪巖之梅，周之蝶歟？昔人謂一梅花具一乾坤，是又擺脱梅好而嗜理者，雪巖尚勉進於斯。容堂向士璧君玉甫跋。

廣平自是君家鼻祖，除是鐵石心腸，厥孫非鐵石，故爲梅所惱若此，請姑舍是，出門一笑大江横。嘉熙二年八月廿六日，靖逸葉紹翁敬跋。

附録《讀書敏求記》一則

宋伯仁《梅花喜神譜》二卷。潛溪先生云：古人鮮有畫梅者，五代滕勝華始寫《梅花白鵝圖》，而宋趙士雷繼之，又作《梅汀落雁圖》。厥後邱慶餘、徐熙輩，皆傅五彩，仲仁師起于衡之花光山，怒而埽去之，以濃墨點滴成墨花，加以枝柯，儼如疎影横斜於明月之下。逃禪老人揚補之又以水墨塗絹出白葩，尤覺精神雅逸，梅花至是益飄然不群矣。潛溪詳畫梅之原如此。伯仁字器之，刻此譜於景定辛酉，自稱每至花放時，徘徊竹籬茅屋間，滿肝清霜，滿肩寒月，諦玩梅之低昂俯仰、分合卷舒，自甲坼以至就實，圖形百，各肖其名，系以五言斷句。是書頗能傳梅之遠神，惜乎潛溪未及見之，一爲評定也。予昔有詩云：『笛聲吹斷羅浮月，管領梅花到鬢邊。』今觀此譜，如酒闌夢覺，月落參横，翠鳥啾嘈，祇餘惆悵而已。

題詞

五硯樓主人手模《梅花喜神譜》，松江古倪園爲鎸新本，譜系宋伯仁手定，今藏求古居。伯仁，嘉熙時人，箸有《雪巖吟草》，見《南宋群賢集》。辛未秋，續舉中吴吟課，填詞紀事，調寄《探春漫》。

徐雲路 懶雲

劫後飛瓊，盡餘賸粉，仙姿依舊明秀。寸拗珊枝，分妝宫額，儘許寒消九九。漫擬廣平賦，認五字、吟成香口。喚回鶴夢空山，較量清影肥瘦。誰賞叢殘煙

墨，只重訪袁絲，荒江孤岫。峰泖生春，海苔摹艷，留取冰魂相守。一卷描神筆，更消得、疎簾清晝。珍護緗囊，展時芸葉薰手。

李 福子仙

冷影難尋，孤芳漫寫，詞人曾入清夢。想爲傳神，廣平賦筆，付與後來小宋。無限臨風態，渾不向、東皇矜寵。憶從妙手生春，暗香長自浮動。惆悵袁絲老去，留瀋墨一痕，藏弆珍重。辛木成陰，梅魂空返，重見芸窗清供。任爾心如鐵，也勝聽、玉龍哀弄。説與黄

昏，愁懷花下應共。

董國琛琢卿

舊月鈎魂，新妝索笑，東風曾寫寒碧。粉澹煙消，衆香入古，認取當時顏色。似畫宜春意，費幾度、空山尋覓。底他作賦廣平，冷瓊飛上詞筆。難忘描摹女字，記此事推，瑤華留得。賸本叢殘，酒人仙去，一樣冰痕岑寂。清淺松波夢，恰迸化、半緘涼墨。珍重券書，芸窗如坐花國。「推」下脱「袁」字。

戴延介竹友

竹素開園，松煙擣窟，冰魂招遍亭圃。羽翠聲中，額黃夢底，七百年前香古。乍展春風面，恐化朵、瑤華飛去。可憐鐵石心腸，芸窗銷作柔語。誰與深鈎淺勒，恍身入瓊壺，雪巖賡句。鶴背霜寒，漁汀秋冷，淚迸星妃無數。多謝雲間月，又照到、新妝眉嫵。好約涪翁，一樽還酹湘楚。

後跋

《梅花喜神譜》上下二卷，雪巖宋伯仁器之編，重鋟於景定辛酉，此刻即重鋟本也。錢遵王所得與此正同，其詳見於足本《讀書敏求記》中。余辛酉計偕北行，得之琉璃廠書肆，奇秘之至。案伯仁有《雪巖吟艸》一卷，刻諸《讀畫齋群賢小集》，其梗概見於烏青文獻，刻《吟艸》者附於後，茲不復贅。惟此譜世罕流傳，余姻家袁君壽階曾借歸，手摹一本，藏諸五硯樓。己巳秋，壽階作古，擬將手摹本付梓，以表壽階一生愛書苦心。適雲間沈子綺雲愛素好古，慨然引爲己任，屬余讎校精審，并悉摹向來藏書家圖記，以誌授受源流，甚盛事也。雕成之日，我同人重舉中吴吟課，各爲填詞紀事，諸君皆與壽階生時交好，故多寓感舊之思焉。綺雲謂余係藏此書之人，且董校勘之役，俾附名簡末。是爲跋。

辛未十一月十三日，復翁黄丕烈識。

識語

老妻墨琴有季妹曰蘭秀，三年前，余爲蹇脩，以歸之綺雲。蘭秀自歸沈氏，弄筆作没骨花，日有會心。綺雲將廣收昔賢畫稿，縱其好于水墨之間，因從吾友蕘翁借栞是本，殆刊成，而蘭秀已殤。荀悦所云『花不濟春，麥不終夏』，有如是乎？『喜神』二字本出釋藏《華嚴經》，花之在樹，常不如其在紙之壽無量也。余爲題後，匪啻説一偈云。

嘉慶壬申浴佛後十日，楞伽山人觀並識。

余季妹澧香學畫，故妹婿綺雲借刊是本。其年，静好樓閨蘭皆作雙華，有並蒂者，有同心者，對花寫生，是一是二。及澧香玉折，余渡泖視喪，收其殘畫吊之，有好夢墮，爲『秋後葉歸魂，招向畫中花』之句。今是譜刊成而澧香不及見，綺雲必有人琴之感，余亦憮然于是也。墨琴女史曹貞秀書。

梅花字字香

〔元〕郭豫亨 撰

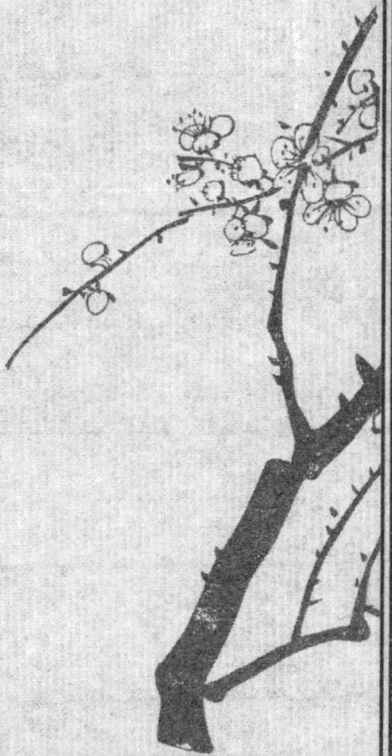

自序

余愛梅花，自號梅巖野人，凡見古今詩人梅花傑作，必隨手鈔録而歌詠之。積以歲月，遂成巨編，熟之既久，若有所得，暇日輒集其句，得百篇，目爲字字香。其間句鍛意鍊，璧合珠聯，亦有天然之巧者，吾不知其爲古作也。一日，有客過我，曰：『聞君梅花詩甚佳，願倩一觀。』因出是編，披閲未竟，稱奇賞羨，嗟歎久之。復掩卷笑之曰：『君此詩妙則妙矣，但未免有家雞鴻鵠之誚。君既用功如此，若自出己意，爲梅賦詠，又豈止百篇而已？且無此議。』余曰：『不然。古人不作詩，無知者千載之下，吟魂茫茫，一旦表而出之，見吾此作，如見古人，豈不逾於掩人之善，矜己之能者乎？』客又曰：『昔誠齋先生序陳晞顔梅詩，有言梅亦有妖。晞顔此詩，非晞顔語也。梅之妖，憑晞顔而語也。誠如此，則君之詩亦非君語也。梅之妖，憑君而語也，所謂梅亦有妖，信乎否乎？』余矍然曰：『平生與梅同一冷澹，越歷冰雪，笑傲山水，詠春風，醉明月，心清香妙，氣合神交，不知梅妖我耶？我妖梅

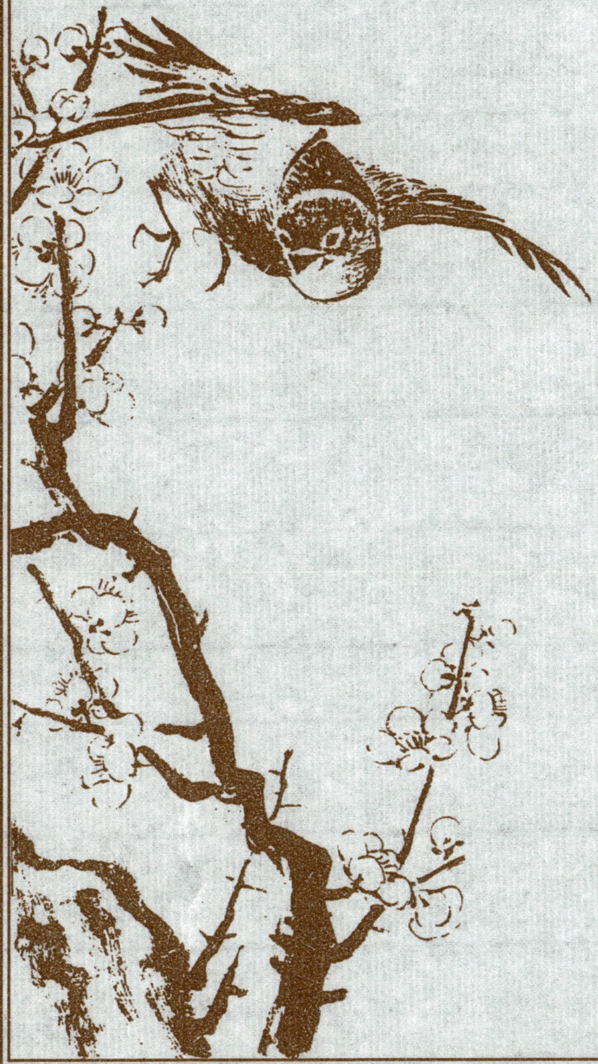

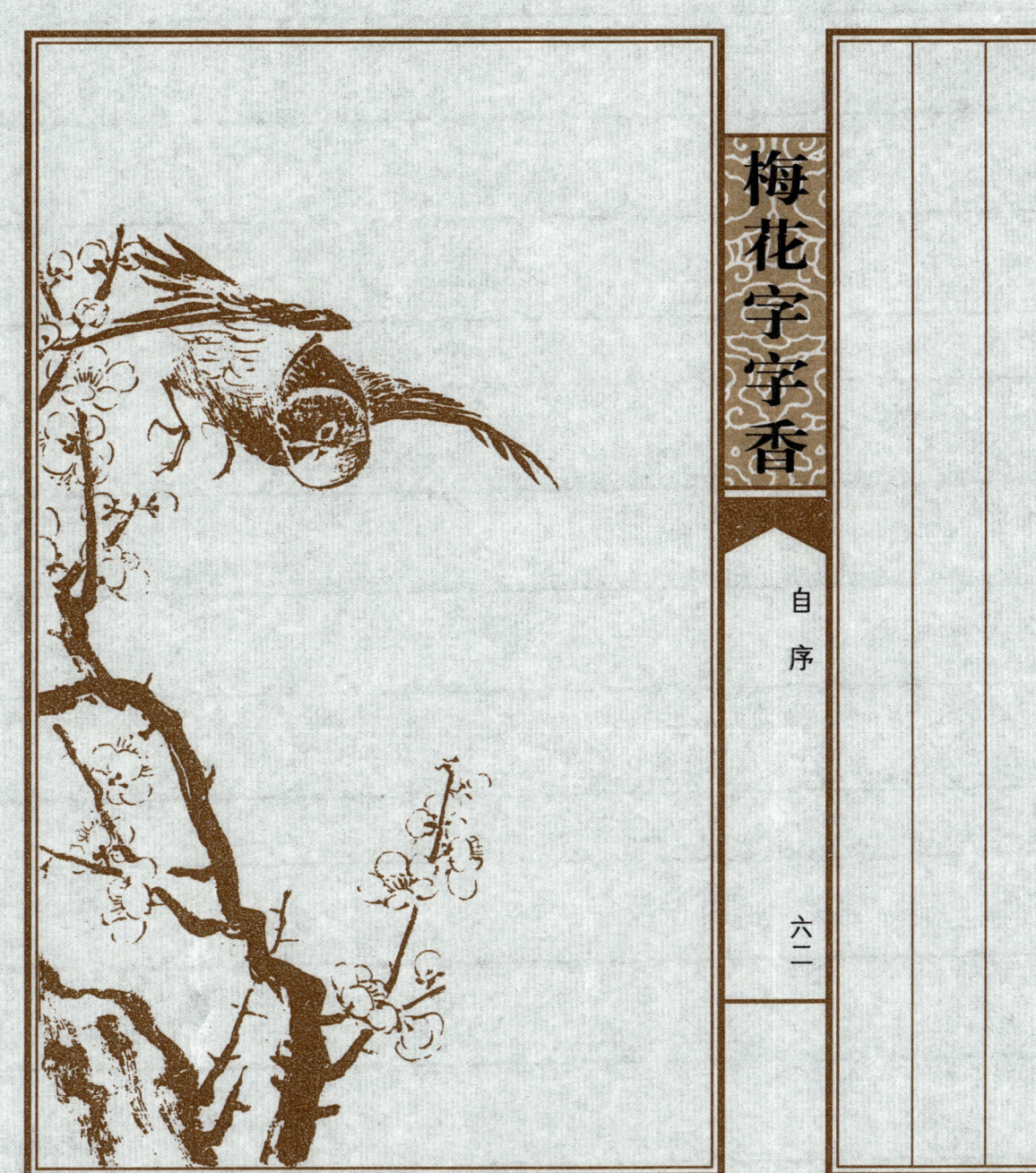

耶？』客語塞，撫掌大笑。於是呼僮抱琴，攜客引鶴，埽餘雪，洗巨觥，開樽於梅邊，盡醉而去。至大辛亥臘八日序。

前集

詩爲吟梅字字香，騷人閣筆費平章。近來行輩無和靖，誰道花中有孟嘗。冰玉精神霜雪操，珍珠樓閣水晶鄉。東君見借陽和力，合有春風到草堂。

圓悟。盧鉞。高菊澗。白玉蟾。翁元廣。誠齋。康節。戴石屏。

左手支頤引白雲，梅邊日日課新吟。孤高直是難諧俗，虛白本來生自心。應厭壽陽多俗態，何如宋璟獨知音。要知妙境尋詩處，花有清香月有陰。

嚴樵溪。李炎子。潘庭堅。竹溪。楊飛卿。曹晟。徐榮。東坡。

萬紫千紅不當春，花中誰解識清真。一生知歷幾多雪，百劫修來貞潔身。曉檻競成香世界，夜窗添起月精神。家僮不識春深淺，細捻香鬚數玉塵。

傅澤。陳復古。艾性夫。潘昉。晁無咎。石敏若。曹晟。于湖。

竹外疏花一兩枝，裁雲翦月作冰肌。天憐絶艷世無匹，人樂新英賞未遲。大節可欺青女凍，清交偏辱此君知。何時更約孤山去，小款梅花細説詩。

鄭碩。嚴少魯。晦庵。宋貫之。竹溪。竹塘。陳鏡湖。劉頤庵。

冰玉丰姿不可雙，百花唯有此花强。不禁夜雨輕欺著，却怕春風漏洩香。蘂訝粉綃裁太碎，蔕圍紅蠟巧能裝。此詩更欲煩君改，語妙何妨石作腸。

白玉蟾。石屏。和靖。介甫。東坡。陳後山。

風滿虚廊月滿庭，疏枝小萼自然春。故應此景難描畫，只有君詩當寫真。疑是隔牆窺宋玉，不輕吹笛付伶倫。雪中莫問調羹事，且作花間共醉人。

方北山。楊适。覺範。于湖。徐師川。楊時可。王沂公。元微之。

木落霜清畫角哀，國香和雨入蒼苔。祇今已是丈夫

行，歲晚誰爲静女媒。花事又催春色老，人生難得笑顔開。酒濃正覺春酲困，翠羽嘈嘈唤夢回。

永叔。東坡。唐子西。半山。徐棨。劉斗溪。趙光道。弧山。

獨對梅花賦此情，冥搜欲與海争深。十年世事三更夢，斜日欄干萬古心。絶色殊無脂粉態，高標不畏雪霜侵。詩成却爲花拈出，堪與時人作笑林。

徐秋巖。半山。蕭可軒。唐柏山。李義山。鄭獬。

放翁。柯柏山。

水沉爲骨玉爲肌，好處曾臨阿母池。雪後園林應有恨，籬邊屋角立多時。蚤開却被嫣紅妒，未落先愁玉笛吹。要識此花奇絶處，滿窗唯有月明知。

李堯夫。毛澤民。和靖。後村。盧元贊。曹松。簡齋。白廷玉。

照水無塵骨蜕仙，幽姿高韵獨翛然。春回積雪層冰

裏，人倚閑庭小檻前。一萼故應先臘破，孤標何意競暄妍。山窗獨坐無來客，更把前題改數聯。
王公煒。田亘。放翁。劉斗溪。無咎。楊之奇。黄榮仲。鄭碩。

徒作佳人淡伫妝，尚如逸士氣昂藏。人間臘月未曾到，昨夜花神有底忙。疏影暗香誰領略，冰肌玉骨自清涼。一枝帶雪牆頭出，陌上須慚傅粉郎。
朱淑真。趙虚齋。陳元老。紫巖。胡象坡。古詞。

謝無逸。韋莊。

鐵作枝柯玉作英，世間無物鬬輕盈。横空老樹雪無迹，滿地落花春薄情。越女從來天下白，伯夷元是聖之清。芳心暗惱憑誰訴，鐵石心腸宋廣平。
李雲仲。王性之。趙仲達。吴杇。竹溪。王梅窗。竹坡。

老杜騎驢入草庵，酒旗斜拂墮吟鞍。凡花不得沾餘

馥，老眼相看在歲寒。城角日高春寂寂，欄干風冷雪漫漫。詩中還有驚人語，同向樽前笑裏看。

謝無逸。和靖。竹塘。紫巖。田元邈。應鳳山。王若虛。胡安國。

刻玉雕瓊作小葩，溼雲暗淡雪橫斜。半開半落緣誰事，和影和香屬我家。數抹晚霞憐野笛，一泓流水度寒沙。吟邊苦思無佳句，立盡斜陽數過鴉。

趙福元。程月溪。竹塘。和靖。程梅窗。徐棨。應鳳山。

羅綺吹香白晝明，仙肌不怕苦寒侵。嵐陰春物未全到，夜久雪花如許深。邂逅欲成雙白鬢，懽遊聊慰十年心。一枝淡貯書窗下，不用衣篝炷水沉。

毛牧達。東坡。晦庵。趙可。半山。高公振。朱淑真。誠齋。

黯淡江天雪欲飛，屋檐斜入一枝低。禽翻竹葉霜初

下，春在花梢日未西。晚歲風霜從冷淡，小園煙景正淒迷。平生慣是思梅苦，多謝詩翁爲品題。

陸倉。和靖。趙天樂。黄師雄。子蒼。和靖。張介卿。趙愚軒。

老覺山林意味長，醉吟且放老夫狂。清樽素瑟宜先賞，紫蝶黄蜂敢更忙。洗盡鉛華對寒水，祇裁雲縷想仙妝。一時傾倒春風意，花氣薰人笑語香。

蕭冰厓。石屏。孫明復。誠齋。約齋。半山。簡齋。少游。

獨跨蒼虬下太清，翹空仙袂許飛瓊。從教臘雪埋藏得，盡是冰霜醖釀成。茗椀香鑪重問訊，竹枝烏帽稱閑行。寫真妙絶横斜影，矮矮虚窗受月明。

王中立。周汲齋。介甫。竹塘。南豐。陸倉。竹溪。

雪徑清寒蝶未知，幽香寂寞動冰肌。家爲逆旅相逢

處，人倚欄干欲暮時。映水全無些子艷，背巖唯有兩三枝。勸君莫把《離騷》讀，細讀西湖處士詩。

黎錞。山谷。放翁。呂居仁。翟善。李涉。李碩。

竹溪。

一兩點花春到梅，蟾精雪魄孕靈荄。幻成五出無多巧，自是群芳不敢開。芳信已催詩興動，清香知是故人來。相看喜有青田鶴，露溼晨煙吸翠苔。

道謙。永叔。劉炎午。闕。左緯。山谷。弧山。王

南雲。

忽忽窮愁泥殺人，年年行樂不辜春。看來天下無多白，不受人間半點塵。姑射真人冰作體，秦家公子粉爲身。一鈎新月涵雲影，露蘂煙梢畫不真。

菊澗。醉翁。竹溪。張澤民。石曼卿。鄭獬。趙仲連。賈島。

天寒落日淡孤村，占斷風情向小園。翠羽啼花追昔

夢，縞衣和雨立黄昏。蘚厓直上雙飛屐，茅店驚寒半掩門。憶得去年風雪裏，江南石上對窪樽。

東坡。和靖。陳起。陳竹泉。方惟深。放翁。程梅窗。山谷。

裝點山林處士家，孤標粲粲壓群葩。日融西子妝樓曉，風動姮娥寶髻斜。嵐氣欲飛山隔岸，生香不斷樹交花。有人問我生涯事，爲説吟詩兩鬢華。

曾宗目。石屏。徐柏山。城山。胡宿。石曼卿。東坡。和靖。

峥嶸冰雪老年光，的皪冰梢出短牆。池水倒流疏影動，寒枝摇落暗香藏。休嫌茉莉非吾配，羞殺梨花不解香。數點疏花人未見，倚欄偷舞白霓裳。

楊廷秀。李欽叔。和靖。童耕叟。紫巖。晁詠之。嚴粲。山谷。

玉樹分明照夕流，何人把酒慰深幽。如焚古鼎龍涎

餅，疑是佳人狐白裘。誰與維摩伴禪寂，還如何遜在揚州。他年我若修花史，要放梅花出一頭。

周弼。東坡。玉蟾。潘邠老。林季謙。子美。江奎。劉仙倫。

輕寒瘦損十分肥，徹骨清香蘸水枝。摘索又開三兩朵，蕭疏別是一般奇。動摇臘信隨征使，裁翦春風入小詩。春意自知無主惜，從教橫笛月中吹。

東坡。陸倉。闕。簡齋。元遺山。崔魯。無逸。

酒醒閒行小徑深，梅邊春意恰相迎。偏憐雪裏無雙艷，此是花中第一清。寒影似傳東野貌，前身想奪素娥精。人間絶品無人識。莫怪《離騷》不著名。

戚秋澗。介甫。陶開祖。竹溪。梅屋。曹晟。和靖。吴枋。

肯把孤心受雪降，天寒猶著薄衣裳。人生有酒須當醉，世上無花敢鬬香。幸不折來傷歲暮，直須留此占年芳。寒香嚼得成詩句，勾引詩人費品量。

紫巖。東坡。菊澗。華岳。子美。半山。秋崖。石屏。

絶艷原非著粉團，不隨凡卉競凋殘。定知深院黄昏後，多在青松白石間。嵐翠溼衣雲葉晚，雪花當户戟枝寒。傍人問我詩成未，字字推敲不用删。

誠齋。虞祖南。無逸。姚合。王初。劉禹錫。潘湖隱。鏡湖。

寒雀枝頭眼擘椒，尋芳因得過溪橋。一生知己林和靖，晚歲論交何水曹。暮雨自歸山悄悄，行人相對馬蕭蕭。從來愛物多成癖，獨有梅花記得牢。

張彦臣。永叔。環溪。翁元廣。李商隱。介甫。李涉。徐止山。

任是霜凌不變心，風饕雪虐長精神。吟詩寄興蒼茫外，冷蘂疏香寂寞濱。自是孤根非煖地，獨殊群艷占先春。三郎見此應傷感，膚雪參差見太真。

李清臣。吕居仁。柯棄民。趙伯成。吴融。康節。
介甫。吴枋。

陣陣寒香壓麝臍，紛紛蜂蝶莫教知。移來春晚二三月，問訊江南第一枝。玉笛淒涼吹易徹，土瓶純素貯偏宜。晴窗畫出横斜影，坐看庭花日影移。
林和靖。鄭碩。陸蒼。張集。半山。曹晟。簡齋。萊公。

依然相見故山傍，老眼驚看意自傷。幸與松筠相近歲，不隨桃李鬬新妝。同心不見昭儀種，入骨濃薰賈女香。獨鶴一聲山屋冷，倚闌人政爲詩忙。
舒亶。林季謙。樂天。黄巖老。簡齋。山谷。雪磯。冰厓。

天下有花無此清，小窗收拾作新吟。清香雅韵十分足，冷蘂疏枝半不禁。併遣春風催好句，且教明月伴孤斟。此時此景真奇絶，立盡欄干到夜深。

簡齋。竹溪。花谷。子美。放翁。東坡。徐愚溪。

何宜齋。

踏破溪邊一徑苔，與尋陳迹久徘徊。雲漫隴樹魂應斷，風静寒塘花正開。只恐好枝爲雪壓，留看瘦影上窗來。花前獨立無人會，漫使詩腸日九迴。

石屏。吕居仁。秦韜玉。劉滄。石屏。易涉趣。趙嘏。元廣。

竹裏人家竹外溪，竹間璀璨出斜枝。誰知金重紅肥處，正是花飛玉碎時。春事未容桃李覺，真香寧許蝶蜂知。自除和靖無知己，見説梅花不要詩。

曾崆山。東坡。曹晟。杜東。石屏。趙義若。吴枋。菊澗。

儘受群花北面降，清如冰雪更無雙。普陀真相來凡世，止渴將軍擁碧幢。春意收香歸鼎實，月窗憐影掩書釭。吟朋聚首須行樂，且倒花前白玉缸。

東坡。南豐。醉翁。菊澗。後村。鄭性之。劉公明。介甫。

一枝春近故山長，百草千花莫比芳。憑仗幽人收艾納，不須長笛奏伊涼。月娥服御無非素，荀令鑪薰更換香。直看過年開未了，爲花痛飲百千觴。

林季謙。山谷。東坡。東坡。文潛。李義山。石屏。後村。

雪後相看意更深，漫將一朵插銅瓶。人生此樂須天賦，歲晚知心唯月明。白鶴未歸春已老，危闌倚遍酒初醒。逋仙只説香和影，不是詩家莫浪評。

道潛。張逢吉。東坡。陳月溪。雪磯。耐庵。柯柏軒。劉炎午。

愛月軒窗半不糊，幽香淡淡影疏疏。曾迷玉洞華光老，祇愛孤山處士廬。世事只如花代謝，春愁全仗酒消除。無人細説吟邊事，笑撚山花望太虛。

曾崆山。晦庵。胡宿。竹溪。誠齋。秋崖。邵棠。
陳摶。

花滿南軒翠竹低，人間俗眼不曾窺。淡煙疏雨靜相對，明月清風兩自知。尚有瘦香供玉笛，未教落素混冰池。咸平處士風流遠，我亦兒嬉作小詩。

張復文。王禹玉。程滄洲。和靖。孤山。無咎。徐无競。東坡。

茅舍疏籬月色新，冷條疏朵欲無春。天香國艷肯相顧，玉潔冰清不受塵。心向雪中偏暴白，開從霜後越精神。老來花事無消息，懶性如今成野人。

北山。和靖。晦庵。湯東澗。潘枋。紫巖。于湖。
竇鞏。

道骨雖清不畏寒，道裝宜作玉人冠。生無桃李春風面，好作梨花夜月看。碩果寂寥生意寓，玉肌蕭瑟粉香殘。溼雲不渡溪橋冷，鐵笛一聲人倚闌。

介甫。山谷。誠齋。王敏夫。童俊民。無逸。古詞。盧鉞。

酥滴寒英露滴香，花爲句子葉爲章。眼前開落人心別，雪裏幾多風味長。尚有閑襟尋水石，欲知春色到池塘。從今桃李皆門士，彈壓芳菲入醉鄉。

李縝。誠齋。鄭性之。石屏。半山。山谷。玉蟾。朱淑真。

冷蘂吹香幾度春，孤懷寂寞與誰論。夢思洛浦嬋娟態，占斷孤山水月村。只恐素英欺白髮，且圖清影伴黄昏。碧欄干外春風軟，手掐花梢記月痕。

韓雲溪。葛采。楊飛卿。菊澗。于湖。余樵隱。葉水竹。李碧山。

洗盡鉛華見雪肌，清香異質世稱奇。向從逋老題詩句，又是東坡覓句時。雪後園林纔半樹，水邊風月笑横枝。人間萬事花開落，春到春歸漫不知。

東坡。方惟深。桂南。壺山。和靖。山谷。張澗泉。張守一。

勾引春情出院牆，無人知處忽然香。愁連粉艷飄歌席，亦要天花作道場。風約暗香臨淺水，月明疏影媚寒塘。浣花溪上堪惆悵，可是無心賦海棠。

楊蟠。玉蟾。李義山。羅隱。朱淑真。無逸。鄭谷。介甫。

不見梅花鄙吝生，芳時同此賦林坰。不妨明月重相憶，只有春風喚得醒。富貴不來頭已白，江山有分眼前青。吟翁終賞歸來晚，酒盡沙頭雙玉瓶。

劉炎午。半山。秋崖。吳菊潭。誠齋。玉蟾。徐敏中。子美。

只嚥清香飽殺儂，不愁調鼎子無功。檀心已作龍鬚吐，妝面回看粉黛空。幾處酒旗山影下，一川風物笛聲中。但吟清淺橫斜句，千載詩人立下風。

後村。呂申公。東坡。方惟深。和靖。司空圖。竹塘。鄭子元。

脈脈悠悠倚檻清，孤根何事在柴荆。素衣莫起風塵歎，檀暈妝成雪月明。失路漸知前計錯，尋芳更待幾時行。只今賸作驚人句，盡把梅花巧琢成。

夏旦。和靖。放翁。東坡。鄭谷。左緯。後山。王伯大。

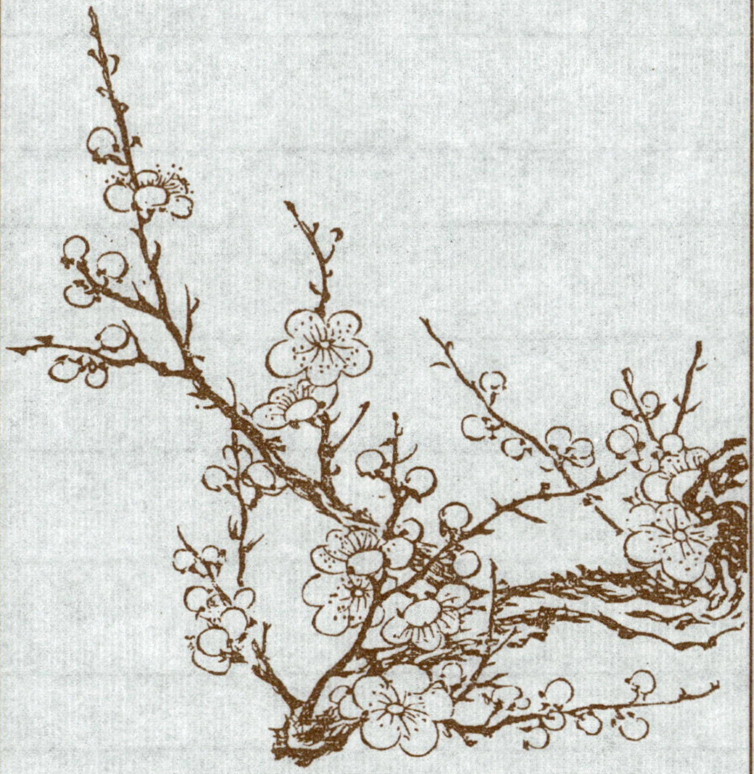

後集

兩蘂三花露短牆，久留金勒爲迴腸。東君有意能相顧，百卉含羞不敢芳。特地留爲滕六伴，入簾偷學壽陽妝。何當共嚼西巖雪，吐出新詩字字香。

曹晟。李義山。朱淑真。劉溪翁。竹溪。陶然。弧山。劉翰。

僮鶴俱隨處士仙，天荒地冷幾經年。轉灣有竹無人處，淡月微雲動水邊。大士定中蒙素衲，謝娥行處落金鈿。客來擬説吟邊事，驚見梅花第二篇。

盧文峰。壺山。淮海。後村。韋莊。邵棠。王敏夫。

霽色翻成一段奇，小窗新月正相宜。花開花謝長如此，春去春來可得知。少待微酸著青子，要將真色鬭生枝。老人終歲閉門坐，始見清香無盡時。

陳子高。蘊常。羅衮。平甫女。陳從古。東坡。隱巒。楊繪。

山北雲衣破萼紅，開時先合占春風。可憐蜂蝶飄零後，屹立冰霜冷淡中。野廟向江春寂寂，荒城吹角雨濛濛。偷閑把酒簪花去，已作高年白髮翁。

鄭性之。李九齡。半山。圓覺。李群玉。潘梅泉。趙信庵。徐棨。

殘雪斜陽獨步時，行行僮鶴静相隨。故人坐隔月千里，驛使不來春一枝。亂插繁花向晴昊，碎挼冷蘂賦新詩。傍人不識予心樂，自有溪風山月知。

宜齋。王愛菊。山谷。林季謙。少游。張榮。伊川。元日能。

壽質清臞獨傲霜，一生盡著雪衣裳。未愁瘴霧重肌雪，先得春風半面妝。天下從來無定色，人間一味有真香。夜窗却恐勞清夢，自折瓊枝置枕傍。

巽齋。黃巖老。林季謙。石曼卿。永叔。舒亶。花谷。後村。

貌枯神澤骨槎牙，蕭索東風兩鬢華。甘與雪霜同冷淡，醉看參月半橫斜。溪山冷落泥三尺，水竹參差屋數家。自笑自吟還自得，案頭摇落小瓶花。

孤山。東坡。劉斗溪。東坡。吕居仁。張逢吉。盧集。方煮瀑。

杖藜行盡幾崔嵬，嫩蘂商量細細開。白雪却嫌春色晚，好風吹送暗香來。孤標不入千花伴，潔己應無半點埃。爲愛君詩被花惱，立殘西日共徘徊。

鄭性之。子美。昌黎。雪溪。東塍。童耕隱。東坡。江奎。

春風元自未曾知，一兩點春共老枝。酒債尋常行處有，花開只恐看來遲。和羹宰相調金鼎，天上瓊兒傅玉肌。吟罷香銷鑪篆冷，月團新碾瀹花甆。

晁補之。蕭東之。子美。羅鄴。後村。元日能。竹溪。少游。

榾柮鑪寒硯欲冰，舍南舍北雪猶存。旋催妝額添宮樣，靜愛寒香撲酒樽。兩岸嚴風吹玉樹，一灣流水護柴門。閑中有意堪圖畫，溪上無人月一痕。

竹溪。疏寮。于湖。羅隱。韋莊。葉水竹。黃文度。吳可。

憑欄小立撚吟髭，歲晚知君德不孤。月下精神宜淡伫，雨中嬌韵越清癯。高唐神女蘭供澤，姑射仙人雪作膚。雪壓小橋人迹斷，莫將歌舞涴西湖。

真西山。翁士特。于湖。趙福元。吳可。和靖。危復之。趙璧。

淡淡梅花不要妝，世間顔色比應難。任渠凡卉爭春艷，自計貞心老歲寒。破鼻試從風處觸，無人肯向月中看。群芳且莫相矜笑，但守平生一點酸。

誠齋。胡安國。徐棨。石曼卿。誠齋。裴璘。李堯夫。秋崖。

自向深冬看艷陽，肯因冷淡怨年芳。向來桃李渾無味，莫把荼蘼亂比香。月冷素娥偏有態，夜深青女溼微妝。無人描畫無人詠，分付梅花自主張。

韓偓。後村。和靖。楊飛卿。晁詠之。古詞。羅北谷。陳藏一。

殘雪猶封宿草荄，羅浮峰下小徘徊。花開花落春無恙，年去年來老漸催。女堞未須翻角調，騷人徑欲築詩臺。望塵俗眼那知此，誤作唐昌碎月猜。

無咎。弧山。汪秋潭。元遺山。張安彥。介庵。花谷。無咎。

拆補新詩擬獻酬，身閑心遠地常幽。寒烏三匝月當户，長笛一聲人倚樓。風本不期吹客夢，花應羞上老人頭。遲遲欲去猶回首，繞著群芳看不休。

後山。東坡。後山。趙嘏。荆公。東坡。司空曙。和靖。

花骨經寒瘦不支，霜溪咽絶照冰姿。願教青帝常爲主，只恐朝雲有去時。幽興每隨流水遠，暗香誰遣好風吹。老來尚費閑精力，夜摘花梢露寫詩。

趙信庵。朱喬年。朱淑真。方惟深。介甫。黎錞。弧山。王中可。

凍蕾含香蠟點勻，寒梢氣象自清真。人憐紅艷多應俗，天與孤標不受塵。□□引波千嶂雪，小橋流水一家春。小窗無語靜相對，時有暗香來襲人。

趙伯成。子蒼。和靖。于湖。程梅窗。陳從古。太白。

瘦倚疏篁半出牆，霜前雪後想淒涼。率先群槁破新臘，倚賴春風壓衆芳。埋玉地中成故物，論花天下更無香。生來不喜同桃李，故作無情淡淡妝。

饒德操。玉蟾。孫志舉。誠齋。陸倉。文潛。韓雲溪。無逸。

春在枝頭已十分，十分吟思十分清。肯隨騷菊同奴僕，却說山礬是弟兄。曉檻放開花意思，夜窗時見影斜横。悠悠此意知誰會，一笛晚風山雨晴。

王建。李炎子。黄與齋。吴枋。石敏若。錦江。竹溪。李正臣。

綽約冰姿絶可憐，垂髫相識到華顛。自非水月觀音樣，一見風標姑射仙。墮砌尚疑妝後粉，賦詩我獨愧前賢。年時花下春風夢，醉擁笙歌總少年。

崔德符。曹南湖。朱淑真。紫巖。周端臣。山谷。秋巖。陳藏一。

落木回飈動屋山，譙樓霜裏角聲乾。楚人元未知真色，范叔不應如此寒。暗吐幽香穿别院，起圓清夢倚欄干。江邊一樹垂垂發，借與行舟作雪看。

介甫。徐顯之。晦庵。王知止。田元邈。應君玉。子美。施端甫。

石磴横斜壓樹根，江南家住水雲村。愛他清思不成寐，誰信幽香是返魂。一鏡寒泉浸明月，數株香雪照黄昏。主人正在梅深處，花襯蒼苔半掩門。

李億。汪秋潭。宋自遜。東坡。趙山泉。黄玉泉。白斑。趙仲璉。

玉女精神不尚妝，晚風孤影弄霓裳。也知造物有深意，而况笛聲堪斷腸。雅有風情勝桃李，自緣紅紫怯冰霜。東君若要分流品，列作人間第一香。

文潛。淑真。東坡。玉蟾。璉不器。曹晟。種放。江奎。

自負孤高鐵石心，吟魂未減昔年清。更無俗物當人眼，惟有春風不世情。瘦影看來天愛畫，香葩况是雪儲精。詩人已化羅浮鶴，見説梅花恨不平。

徐榮。王留畊。樂天。羅鄴。王公煒。晦庵。朱復之。鄭碩。

霰雪霏霏作凍天，杖藜行盡幾山巔。已成白髮潘常侍，自棄明時孟浩然。水墨畫圖春澹澹，黃昏霜月冷娟娟。知君要見梅花賦，一片心腸鐵石堅。

温公。紫巖。半山。斗溪。秋崖。劉炎午。和靖。葛元白。

吟懷長恨負芳時，我爲梅花屢賦詩。却恐錯穿桃杏徑，尚餘孤瘦雪霜姿。疏枝似被金刀翦，玉頰何勞獺髓醫。不爲調羹應結子，等閑開落只春知。

和靖。林季謙。玉蟾。東坡。後村。東坡。半山。張集。

閑步蒼苔意味長，穿林傍水幾平章。冷將雙眼窺春破，始見檀心吐露芳。宿蘂煖含風浩蕩，落花愁對月昏黃。白雲留得清閑住，受用此花無限香。

陶然。石屏。紫巖。歐彥成。半山。華岳。謝疊山。楊巽齋。

庭樹霜飛木葉枯，天教飛雪伴清癯。湘妃危立凍蛟背，青女寒生金粟膚。寄我誰能如陸凱，群賢還許訪林逋。直須分付丹青手，畫我憑欄覓句圖。

丁謂。劉子翬。蕭東之。林季謙。花谷。錦江。方元英。簡齋。

溪上春濃花正開，直疑冰玉作根荄。絕憐綠萼攙春去，曾與將軍止渴來。素艷已應摇雪屋，錦囊今喜助詩材。斷橋深處無人見，三嗅清香當一杯。

鮑當。翁虛一。紫巖。羅鄴。宋庠。張安彥。鄭清之。石屏。

此詩真似此花清，擁褐空齋得細吟。胸次盡空桃李氣，歲寒非避雪霜侵。小瓶雪水無多子，明月家山一寸心。獨憑欄干意難寫，一聲横笛暮雲深。

竹溪。王器之。湯漢。張詠。嚴少魯。李敬所。崔魯。王程山。

一樹玲瓏玉刻成，雪消風煖不生塵。已呼白面書生去，未怕青腰玉女嗔。標致清高吟不足，冰紈生澀畫難親。去年人到今年老，老醉花間能幾人。

王建。張籍。田元邈。半山。竹塘。介甫。岑參。劉禹錫。

我憐貞白重寒芳，一簇輕鈿繞淡黃。自入冬來多是煖，不如伊處爲無香。幽姿羞損嬋娟女，粉面端疑騎省郎。把酒花間弄明月，重來杖履且徜徉。

陸龜蒙。韓子倉。石屏。後村。朱淑真。田元邈。疊山。汪起莘。

高唱《離騷》伴寂寥，貌癯心苦氣飄飄。曾教入夜月添白，疑是經春雪未消。苦節雪中迷漢使，玉門關外老班超。東風不管前溪水，一夜吹香過石橋。

後村。南豐。古詞。戎昱。陸倉。武元衡。張仲澤。姜白石。

半屋蒼雲冷不知，茅檐竹塢兩幽奇。凝情金谷登樓日，依約華清出浴時。朧月定知今夕恨，春風搖動故人思。綠楊解語應相笑，雪裏開花恐是遲。

沈适。晁用叔。趙義若。梅亭。方惟深。梅窗。臧謀。東坡。

天與寒梅作媚柔，春風回怨雪霜羞。小詩試擬孟東野，好句都輸趙倚樓。真態生香誰畫得，冰肌玉骨不禁愁。雕鎸肝腎竟何益，朝夕催人自白頭。

湯漢。東坡。東坡。王仲元。東坡。潘邠老。晦庵。子美。

一在梢頭一在窗，半疑殘月半疑霜。却憐群卉無剛節，不媚東風衹淡妝。塵世要知身是客，花前惟以醉爲鄉。宿酲未醒閑欹枕，人與花心各自狂。

紫巖。南豐。陳朝老。汪起莘。蕭可軒。江奎。朱淑真。

清淺溪邊淡粉容，柔情繁白玉鈿封。來尋谷口子真隱，去弔孤山和靖翁。前驛迢迢波渺渺，疏煙淡淡樹重重。憑欄多少傷心事，盡在疏枝冷蘂中。

王性之。石曼卿。竹溪。倪月峰。王建。劉改之。童耕隱。和靖。

續續題詩不奈閑，戲搜綺語續花間。香隨靜婉歌塵起，花帶癯仙辟穀顏。慣作野人多野興，夢隨孤鶴到孤山。吟成不敢高聲讀，應有青藜夜扣關。

後山。後村。温庭筠。紫巖。半山。宜齋。許東軒。

瀟灑春葩縞壽陽，玉容歲歲涉風霜。調羹莫作兒童語，結子非貪鼎鼐嘗。自有松篁爲伴侶，看渠桃李敢承當。風高日淡疏林靜，細朵斜枝惱意香。

石屏。胡象坡。紫巖。半山。古詞。誠齋。張嵲。謝無逸。

深院藏春春不知，悠悠短笛倚風吹。高人遺迹空佳句，老子今年懶賦詩。雲破月來花弄影，人稀景靜雪消除。敲冰自換瓷瓶水，幾點飛香入硯池。

曹晟。李鎮。介甫。陸倉。張子野。鄭谷。弧山。何稷。

清姿元不受鉛華，坐掩柴扉緑竹斜。萬木尊爲諸老行，數枝妝點野人家。絶憐夜氣渾如水，占斷春光是此花。詩欠推敲吟未穩，閑敲石火煮新茶。

趙福元。曾布。弧山。石屏。玉蟾。向敏中。耐庵。曾漢英。

玉樹交橫雪後天，今年春色勝常年。月穿書幌漏清影，風弄花香作瑞煙。錦袖妒姬爭巧笑，練裙溪女鬬清妍。自吟自酌無些事，始信人間有散仙。

司馬公。崔度。竹溪。朱淑真。李山甫。東坡。徐愚溪。劉雲卿。

乞與雲膏洗俗腸，和詩端恐不成章。斬新一朵含風露，薰作九天沉水香。人事自生今日意，幽花還似昔年芳。兩山盡是經行處，山後山前兩屐霜。

程伯淳。林季謙。東坡。玉蟾。後山。王粹。秋崖。石屏。

忍凍尋香雪裏行，壓枝冰雪眼中春。年年歲歲花相似，冷冷疏疏蘂更匀。豈有林泉邀俗客，更將風月醉佳賓。會須載酒孤山去，疏影横斜訪舊鄰。

孫志峰。子蒼。劉希夷。從古。倪天隱。永叔。竹溪。子蒼。

孤宦殊方意自違，故山幽夢憶疏籬。一千里路家何遠，十二朱欄月未移。春色似人看又老，流年如水去難追。詩家只恐和羹晚，緑葉成陰子滿枝。

張横。陸蒼。竹溪。徐千里。方緯。陳堯佐。趙伯成。杜牧。

滿地飄零更斷腸，恐隨春夢去飛揚。柳搖臺榭東風軟，花撲玉缸春酒香。驛使不來羌管歇，燕釵初試漢宮妝。巡檐説盡心期事，幾度憑闌到夕陽。

林季謙。介甫。周調岑。張棨。韓偓。晦庵。王叔安。于湖。

不受臙脂半點侵，不堪細雨溼黃昏。風吹雪壓轉强項，月淡霜清欲斷魂。方士斸成金鼎汞，素衣同扣酒家門。一年春事又成夢，愁紫愁紅滿故園。

沈蒙齋。東坡。秋崖。放翁。陶然。竹塘。沈惟肖。斯庵。

湖山搖落歲方悲，自恐冰容不入時。但笑紅芳誇艷冶，渾將絳雪點寒枝。橋邊野水通漁路，城外春風吹酒旗。正似美人初醉著，淡妝濃抹總相宜。

陳竹泉。東坡。秋崖。王梅溪。和靖。劉禹錫。介甫。東坡。

附録

四庫全書總目·梅花字字香提要

《梅花字字香》前集一卷，後集一卷，元郭豫亨撰。豫亨自號梅巖野人，里籍未詳，據其自序則至大辛亥作。其書名蓋取宋晏殊詞『唱得紅梅字字香』句也。《離騷》遍擷香草，獨不及梅。六代及唐，漸有賦詠，而偶然寄意，視之亦與諸花等。自北宋林逋諸人遞相矜重『暗香疏影』『半樹横枝』之句，作者始别立品題。南宋以來，遂以咏梅爲詩家一大公案。江湖詩人，無論愛梅與否，無不借梅以自重。凡别號及齋館之名，多帶梅字，以求附於雅人。黄大輿至輯詩餘爲《梅苑》十卷。方回作《瀛奎律髓》，凡詠物俱入著題類，而梅花則自立一類。此倡彼和，沓雜不休，名則耐冷之交，實類附炎之局矣。豫亨在至大中，距南宋之末未遠，故亦染山人之積習，前後二集詠梅七律至二百首，與張洽之數相等。然洽詩層見疊出，總不出幽香高格、耽寂避喧之意，描摹窠臼，未免厭觀。豫亨則集句爲之，又闢新境，且屬對頗能工巧，亦勝李龏《翦綃集》之多。集絶句，一花一石，時逢佳勝，存備詩家之小品，固亦無不可矣。

文華叢書

《文華叢書》是廣陵書社歷時多年精心打造的一套綫裝小型開本國學經典。選目均爲中國傳統文化之經典著作，如《唐詩三百首》《宋詞三百首》《古文觀止》《四書章句》《六祖壇經》《山海經》《天工開物》《歷代家訓》《納蘭詞》《紅樓夢詩詞聯賦》等，均爲家喻户曉、百讀不厭的名作。裝幀採用中國傳統的宣紙、綫裝形式，古色古香，樸素典雅，富有民族特色和文化品位。精選底本，精心編校，字體秀麗，版式疏朗，價格適中。經典名著與古典裝幀珠聯璧合，相得益彰，赢得了越來越多讀者的喜愛。現附列書目，以便讀者諸君選購。

文華叢書書目

人間詞話（套色）（二册）
了凡四訓 勸忍百箴（二册）
三字經・百家姓・千字文・弟子規（外二種）（二册）
三曹詩選（二册）
小窗幽紀（二册）
山谷詞（套色、插圖）（二册）
山海經（插圖本）（三册）
千家詩（二册）
王安石詩文選（二册）
王維詩集（二册）
天工開物（插圖本）（四册）
元曲三百首（二册）
元曲三百首（插圖本）（二册）
太極圖説・通書（二册）
水雲樓詞（套色、插圖）（二册）
片玉詞（套色、注評、插圖）（二册）
六祖壇經（二册）
文心雕龍（二册）
文房四譜（二册）
孔子家語（二册）
世説新語（二册）
古文觀止（四册）
古詩源（三册）
史記菁華録（三册）
史略・子略（三册）
四書章句（大學、中庸、論語、孟子）（二册）
白雨齋詞話（三册）
白居易詩選（二册）
老子・莊子（三册）
西厢記（插圖本）（二册）
列子（二册）
伊洛淵源録（二册）
孝經・禮記（三册）
花間集（套色、插圖本）（二册）
杜牧詩選（二册）
李白詩選（簡注）（二册）
李商隱詩選（二册）
李清照集附朱淑真詞（二册）

近三百年名家詞選（三册）
近思録（二册）
辛弃疾詞（二册）
宋元戲曲史（二册）
宋詞三百首（二册）
宋詞三百首（套色、插圖本）（二册）
宋詩舉要（三册）
初唐四傑詩（二册）
長物志（二册）
林泉高致・書法雅言（一册）
東坡志林（二册）
東坡詞（套色、注評）（二册）
呻吟語（四册）
金剛經・百喻經（二册）
金奩集（二册）
周易・尚書（二册）
孟子（附孟子聖迹圖）（二册）
孟浩然詩集（二册）
草堂詩餘（二册）
茶經・續茶經（三册）
荀子（三册）
柳宗元詩文選（二册）
秋水軒尺牘（二册）
鬼谷子（二册）
姜白石詞（一册）
洛陽伽藍記（二册）
紅樓夢詩詞聯賦（二册）
秦觀詩詞選（二册）
珠玉詞・小山詞（二册）
格言聯璧（二册）
笑林廣記（二册）
唐詩三百首（二册）
唐詩三百首（插圖本）（二册）
浮生六記（二册）
酒經・酒譜（二册）
孫子兵法・孫臏兵法・三十六計（二册）
陶庵夢憶（二册）
陶淵明集（二册）

納蘭詞（套色、注評）（二册）
菜根譚・幽夢影・圍爐夜話（三册）
菜根譚・幽夢影（二册）
雪鴻軒尺牘（二册）
張玉田詞（二册）
搜神記（二册）
閑情偶寄（四册）
飲膳正要（二册）
曾國藩家書精選（二册）
畫禪室隨筆附骨董十三説（二册）
絶妙好詞箋（三册）
夢溪筆談（三册）
楚辭（二册）
園冶（二册）
傳習録（二册）
傳統蒙學叢書（二册）
詩品・詞品（二册）
詩經（插圖本）（二册）
裝潢志・賞延素心録（外九種）（二册）
經史問答（二册）
經典常談（二册）
管子（四册）
隨園食單（二册）
蕙風詞話（三册）
歐陽修詞（二册）
遺山樂府選（二册）
墨子（三册）
樂章集（插圖本）（二册）
論語（附聖迹圖）（二册）
歷代家訓（簡注）（二册）
憶雲詞（二册）
戰國策（四册）
學詞百法（二册）
學詩百法（二册）
韓愈詩文選（二册）
藝概（二册）
顔氏家訓（二册）
＊越絶書（二册）

（加＊爲待出書目）

清賞叢書

《清賞叢書》是廣陵書社最新打造的一套綫裝小開本圖書。本叢書選目均爲古人所稱清玩之物、清雅之言，主要是有關古人精緻生活、書畫金石鑒賞等著作，如高濂《遵生八箋》、張岱《西湖夢尋》、曹昭《格古要論》等，讓喜好傳統文化的讀者，享受古典之美，欣賞風雅之樂。

本叢書裝幀仍採用中國傳統的宣紙、綫裝形式，與本社另一套經典名著叢書《文華叢書》相得益彰，古色古香，樸素典雅，富有民族特色和文化品位。本社精選底本，精心編校，版式疏朗，字體秀麗，價格適中。現附列書目，以便讀者選購。

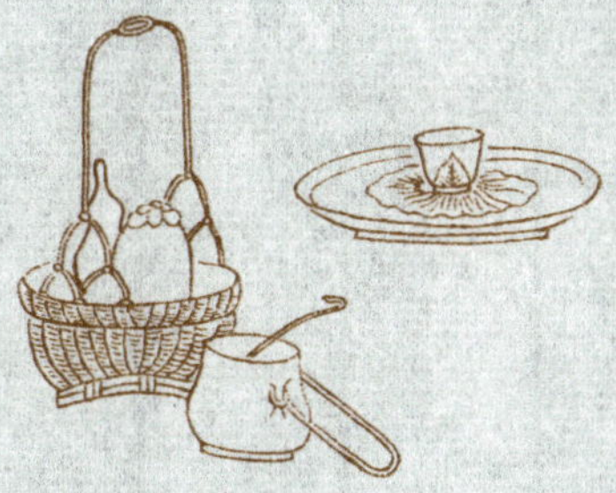

山家清供附山家清事（二册）
印典（二册）
西湖夢尋（二册）
牡丹譜　芍藥譜（二册）
荔枝譜（二册）
香譜（二册）
洞天清祿集　格古要論（二册）
梅花喜神譜　梅花字字香（二册）
梅蘭竹菊譜（二册）
猫苑　猫乘（二册）
琴史（二册）
遵生八箋·四時調攝箋（四册）
遵生八箋·起居安樂箋（二册）
遵生八箋·飲饌服食箋（三册）
遵生八箋·燕閑清賞箋（三册）
*汝南圃史（三册）
*海棠譜（二册）

（加*爲待出書目）

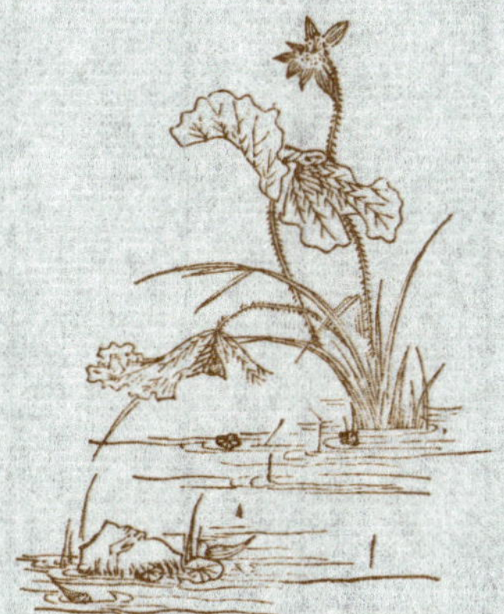